Heidi Rose

CHRISTLICHE SYMBOLE

Butzon & Bercker

Vorwort

Woran erinnern wir uns, wenn wir das Abendmahl mit Brot und Wein feiern? Was bedeutet der Fisch auf dem Auto? Warum wird der Täufling mit Wasser übergossen? Auf Fragen nach der Bedeutung der wichtigsten christlichen Symbole gibt das Buch leicht verständliche Erklärungen.

Dabei machen die Ausführungen deutlich: Alltägliche Dinge wie Brot und Wein bringen uns den Glauben näher. Sie erinnern uns an Geschichten aus der Bibel oder Erfahrungen, die Menschen mit Gott gemacht haben. Längst Vergangenes oder Unsichtbares wird so immer wieder neu lebendig. Wir können spüren: Gott ist für uns Menschen da. In Jesus Christus zeigt er uns seine Liebe.

Alpha und Omega

Das Alpha (A) ist der erste und das Omega (Ω) der letzte Buchstabe des griechischen Alphabets. So wie diese beiden Buchstaben das Alphabet einrahmen, so umfasst Jesus Christus das Leben der Welt, das Leben jedes einzelnen Menschen vom Anfang bis zum Ende. Er sagt: „Ich bin das Alpha und das Omega, der Erste und der Letzte, der Anfang und das Ende“ (Offenbarung 22,13; vgl. auch Offenbarung 1,8).

Die *Osterkerze* mit den Buchstaben A und Ω ist ein Symbol für den auferstandenen Herrn, der uns das ewige Leben schenkt.

Brot und Wein

Jesus selbst hat am Vorabend seines Todes mit seinen Jüngern das Mahl gefeiert. Er reichte ihnen das Brot und sprach: „Nehmt, das ist mein Leib." Dann nahm er den Kelch: „Das ist mein Blut" (Markus 14,22–24). Wie Jesus damals, so tun wir es heute: Gemeinsam feiern wir das Mahl mit Brot und Wein.

Das *Brot* erinnert uns daran: Wir brauchen die Freundschaft Jesu Christi wie das tägliche Brot. Der Herr stillt unseren Hunger nach Liebe und Gemeinschaft. Er sagt: „Ich bin das Brot des Lebens" (Johannes 6,48–51). Er stärkt uns mit dem Brot, das er selber ist.

Mit *Wein* wird das gottesdienstliche Mahl zum Fest des Glaubens und der Freude. Wir können spüren, wie sehr Gott uns Menschen liebt.

Er, der Schöpfer der Welt, schenkt Brot und Wein, die Früchte der Erde und der menschlichen Arbeit.

In Brot und Wein haben wir Gemeinschaft mit Gott und untereinander. Wie aus vielen Körnern das Brot wird und aus vielen Trauben der Wein,

so wird aus vielen einzelnen Menschen, die so verschieden sind, die Gemeinschaft der Christen (vgl. S. 21, 22). Mit Brot und Wein feiern wir Jesu Tod und Auferstehung und haben Anteil daran.

Christus-monogramm PX

Die ineinander stehenden griechischen Buchstaben X („Chi“) und P („Rho“) entsprechen den deutschen Buchstaben CH und R, den Anfangsbuchstaben des Wortes „CHRistos“. Schon die ersten Christen gaben Jesus diesen Beinamen. Übersetzt bedeutet er: der Gesalbte. Die Buchstabenkombination PX („Chi-Rho“), die auch Christusmonogramm genannt wird, war auch ein geheimes Erkennungszeichen, besonders während der Zeit der ersten Christenverfolgung.

Wenn man PX als lateinische Buchstaben versteht, lässt sich daraus das Wort Pax bilden, was Friede bedeutet und deutlich macht: Wer Christ ist, soll sich um Frieden bemühen.

Das *Jesusmonogramm IHS* setzt sich aus den ersten drei griechischen Buchstaben des Namens Jesus zusammen: Der griechische Buchstabe I entspricht einem lateinischen J, H entspricht einem lateinischen E, das ∑ einem S. Daraus ergibt sich die Abkürzung für Jesus: JES.

Eine andere Interpretation deutet das Monogramm als Symbol aus den lateinischen Buchstaben: Jesus Hominum Salvator – übersetzt: Jesus, Retter der Menschen.

Evangelisten-Symbole: Mensch, Löwe, Stier, Adler

Jedem der vier Evangelisten wird ein Symbol zugeordnet:

Matthäus =
(geflügelter) Mensch
Markus = (geflügelter) Löwe
Lukas = (geflügelter) Stier
Johannes = Adler

(> Ezechiel 1,5–10, Offenbarung 4,7).

Diese Bilder sagen etwas darüber aus, wie die einzelnen Evangelien beginnen. Matthäus erzählt zunächst von der menschlichen Abstammung Jesu. Markus beginnt mit der Predigt des Johannes, dessen Stimme wie die eines Löwen in der Wüste schallt. Lukas erzählt vom Opfer des Priesters Zacharias im Tempel. Weil meist ein Stier geopfert wurde, steht dieser für Lukas. Johannes will mit „mächtigen" Worten über Gott hoch hinaus, einem Adler gleich.

Feuer

Feuer oder Feuerflammen sind ein Symbol für den Heiligen Geist. Im Neuen Testament der Bibel wird erzählt: Am Pfingsttag, als die Freunde Jesu sich versammelt hatten, kam der Heilige Geist in Gestalt von Feuerflammen auf die Jünger herab. Sie gingen hinaus, begannen in fremden Sprachen zu reden und erzählten allen von Jesus und seiner Frohen Botschaft (> Apostelgeschichte 2,1–4).

Das Osterfeuer, das in katholischen Kirchen in der Osternacht entzündet wird, ist ein Symbol für das neue Leben, das Jesu Christus der Welt durch Tod und Auferstehung geschenkt hat.

Fisch

Das Symbol des Fisches war für die ersten Christen ein geheimes Erkennungszeichen. Aus Angst

vor Verfolgung zeigten sie mit diesem Zeichen: Wir gehören zu Jesus Christus. Auf Griechisch heißt Fisch „ICHTYS". Die einzelnen Buchstaben dieses Wortes bilden jeweils den Anfang eines neuen Wortes. Zusammen entsteht daraus ein kurzes Glaubensbekenntnis: IESOUS CHRISTOS THEOU YIOS SOTER = Jesus Christus, Gottes Sohn, Erlöser.

Der Fisch erinnert daran, dass Jesus zu Petrus und Andreas sagt: „Folgt mir nach! Ich werde euch zu Menschenfischern machen" (> Matthäus 4,19). Demnach sind alle Christen Menschen, die wie Fische im Wasser (der Taufe) schwimmen. In Erinnerung an das Jesuswort trägt der Papst den sogenannten Fischerring.

Hahn

Auf der Turmspitze vieler Kirchen oder auf Beichtstühlen ist er zu sehen: der Hahn. Er erinnert daran, wie der Apostel Petrus Jesus verleugnet hat. In der Nacht, bevor Jesus gekreuzigt wird, noch bevor der Hahn kräht, hat Petrus dreimal abgestritten, zu Jesus zu gehören. Er hat Angst, selbst gefangen genommen zu werden. Als er den Schrei des Hahns hört, erinnert er sich daran, dass Jesus ihm die Verleugnung angekündigt hat. Petrus ist sehr traurig über sein Verhalten und fängt bitterlich an zu weinen (> Matthäus 26,69–75).

Als Zeichen für Wachsamkeit und Treue mahnt der Hahn uns Christen: Seid wachsam! Hütet euch vor dem Bösen! Vertraut auf Jesus Christus und bleibt stets mit ihm verbunden.

(Der gute) Hirt

Jesus sagt: „Ich bin der gute Hirte" (Johannes 10,11–14). Mit dem Bild des guten Hirten erinnert er an Psalm 23. Wie ein Hirte, der sich um seine Schafe sorgt und sogar sein Leben für sie gibt, so liebt Jesus Christus uns Menschen. Der Hirtenstab wird in seiner Hand zum Zeichen für Gottes Schutz und Fürsorge.

In der katholischen Kirche trägt deshalb auch ein Bischof einen Hirtenstab. Nach dem Vorbild des guten Hirten leitet er die Gläubigen.

Kreuz

Das Kreuz ist das wichtigste Erkennungszeichen der Christen. Es erinnert an Jesu Kreuzestod, zu dem die Mächtigen seines Landes den Herrn verurteilt hatten. Er wurde grausam hingerichtet, doch das war nicht das Ende: Gott hat Jesus auferweckt und ihm das ewige Leben geschenkt.

Das Kreuz besteht aus zwei Balken. Der senkrechte – von der Erde zum Himmel – weist darauf hin: Jesu Tod am Kreuz verbindet die Menschen mit Gott. Der waagerechte Balken erinnert daran: Alle Menschen, die auf Jesus vertrauen, bilden eine Gemeinschaft. Sie wissen, dass auch sie einmal sterben müssen. Aber mit Jesus hoffen sie darauf, dass der Tod sie nicht von der Liebe Gottes trennen wird und sie neu im Himmelreich leben werden.

Das Kreuz ist deshalb nicht nur ein Zeichen des Leidens und des Todes, sondern auch der Hoffnung. Mit ihm beginnen wir jeden Gottesdienst.

I N R I – Die Bibel erzählt, dass über dem Kreuz Jesu eine Inschrift angebracht wurde (Johannes 19,19). Die lateinischen Buchstaben INRI bedeuten: „Iesea Nazaretus Rex Iudea" – „Jesus von Nazaret, König der Juden".

Lamm (Gottes)

Im Alten Testament ist das Lamm ein beliebtes Opfertier. Im Neuen Testament bezeichnet Johannes der Täufer Jesus als „Lamm Gottes" (Johannes 1,29). Wie ein unschuldiges Lamm, das geopfert wird, stirbt Jesus am Kreuz. Bei der Feier des Abendmahls beten wir: „Lamm Gottes, du nimmst hinweg die Sünde der Welt …"

Der Nimbus, das ist die leuchtende Scheibe mit Kreuz um den Kopf des Lammes, weist darauf hin, dass mit dem Lamm Jesus gemeint ist. Das *Osterlamm* – meist mit einer Siegesfahne dargestellt – erinnert daran: Jesus ist auferstanden, er hat den Tod besiegt.

Das Lamm ist auch Symbol für die Gläubigen, deren „guter Hirte" Christus ist. Das Pallium, eine Art schmale Stola aus Lammwolle, ist ein besonderes Zeichen des Papstes und einiger katholischer Bischöfe.

Licht / Kerzen

Jesus Christus sagt: „Ich bin das Licht der Welt" (Johannes 8,12). Er meint damit, dass wir im Licht der Liebe Gottes leben. Mit ihm an unserer Seite, brauchen wir uns nicht zu fürchten. Er sagt aber auch: „Ihr seid das Licht der Welt" (Matthäus 5,14). Er möchte, dass wir seine Frohe Botschaft in die Welt tragen. Das Licht der Kerzen lässt uns die Nähe Gottes besonders spüren. Deshalb gehören Kerzen zur Feier des Gottesdienstes, der christlichen Feste oder zu Feiern des Glaubens wie der Taufe oder der Erstkommunion.

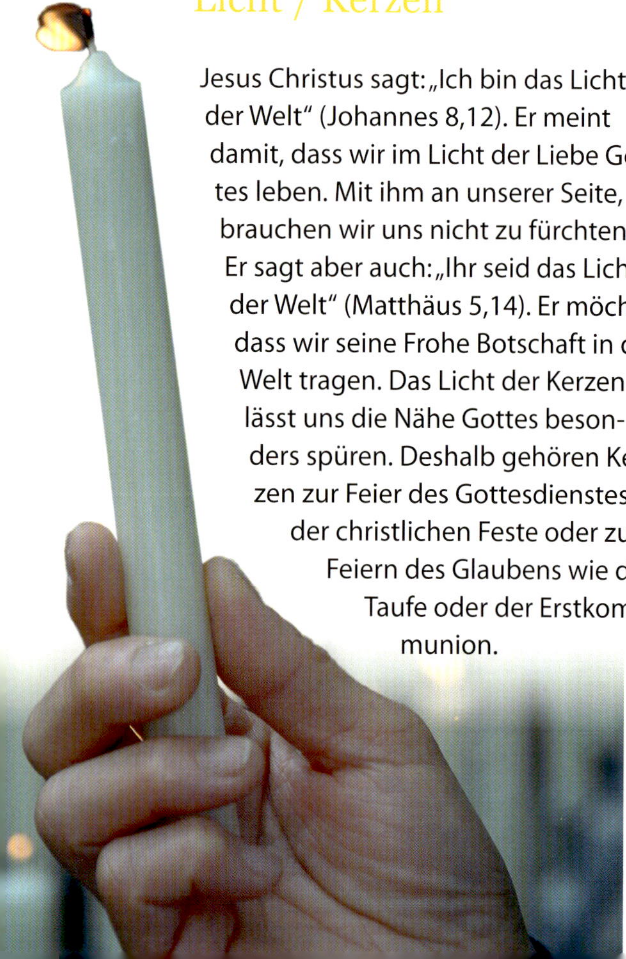

Palmzweig

Mit Palmzweigen als Zeichen der Freude jubeln die Menschen Jesus beim Einzug in Jerusalem zu: „Hosianna! Gesegnet sei er, der kommt im Namen des Herrn, der König Israels!" (Johannes 12,13). Sie begrüßen Jesus wie einen König. Doch er ist anders als alle Könige der Welt. Jesus ist ein König des Friedens und der Liebe. Was die Leute von Jerusalem beim Einzug Jesu erleben, erinnert sie an ein Wort eines großen Propheten des Volkes: „Juble laut. Siehe, dein König kommt zu dir. Er ist gerecht und hilft" (Sacharja 9,9).

Schon wenige Tage stirbt der Herr einen grausamen Tod am Kreuz. Doch am dritten Tag wird er auferweckt. Am Palmsonntag ehren wir Jesus Christus als König und Sieger über Sünde und Tod. Viele Christen, die ihr Leben für den Glauben gegeben haben, tragen Palmzweige in den Händen.

Schiff

Das Schiff ist ein Zeichen für die Gemeinschaft der Christen. Wie die Mannschaft auf einem Boot, so sind die Christen gemeinsam unterwegs im Meer der Zeit. Diese Fahrt ist nicht ohne Gefahren, das Meer steht für die Bedrohung durch das Böse und den Tod. Der Mast in Kreuzform zeigt, wer das Boot steuert: Jesus Christus (> Matthäus 8,23–27). Mit ihm gelangen wir sicher ans Ziel, in die Ewigkeit Gottes.

Auch der *Anker* erinnert mit seiner Kreuzform daran, dass wir unsere Hoffnung auf den Herrn setzen dürfen. Als Zeichen der Rettung und Geborgenheit erscheint das Schiff schon in der biblischen Erzählung von der Arche Noah (Genesis 7–8). Mit einem Schiff wird deshalb auch ein Kirchengebäude verglichen, in dem sich die Gemeinschaft der Christen versammelt. Wir sprechen vom Mittel- und Seitenschiff.

Taube

Als Jesus von Johannes dem Täufer im Jordan getauft wird, sieht er, „dass der Himmel sich öffnete und der Geist wie eine Taube auf ihn herabkam" (Markus 1,10). Bis heute ist die Taube zum Beispiel auf Taufkerzen dargestellt. Sie ist das wichtigste Zeichen für den Heiligen Geist.

Die Taube ist aber auch ein Zeichen des Friedens. Das Alte Testament der Bibel erzählt von der Taube in der Geschichte von der Arche Noah. Als das Wasser der Sintflut sank, ließ Noah eine Taube fliegen. Mit einem grünen Olivenzweig im Schnabel kehrte sie zurück (Genesis 8,10–11). Noah wusste: Nun wird alles gut. Gott hat Frieden geschlossen mit den Menschen.

Die weiße Taube ist zudem ein Zeichen für Unschuld und Reinheit.

Wasser

Das Wasser ist Symbol der Reinheit und des Lebens. Jesus Christus spricht von sich als dem lebendigen Wasser, das ewiges Leben schenkt (vgl. Johannes 4,10–14). Bei der Taufe werden wir mit Wasser übergossen. In den ersten Jahrhunderten wurde durch Untertauchen getauft. So war deutlicher spürbar: Durch die Taufe haben wir Teil an Jesu Tod und Auferstehung. Das Untertauchen ist wie „Sterben“, das „Auftauchen“ wie zu neuem Leben geboren werden.

Das Wasser der Taufe stärkt uns für das Leben als Christ.

In katholischen Kirchen hängt am Eingang ein kleines Becken mit Weihwasser. Beim Betreten zeichnen sich die Gläubigen ein Kreuz auf die Stirn und erinnern sich an ihre Taufe.

Weinstock

„Ich bin der wahre Weinstock“ und „Ich bin der Weinstock, ihr seid die Reben“, sagt Jesus zu seinen Jüngern (Johannes 15,1.5).

Jeder Weinstock braucht einen kräftigen Stamm, der Halt und Standfestigkeit schenkt. Dann können kräftige Reben mit vielen Trauben wachsen. Wie ein solcher Weinstock ist Jesus für uns: Wenn wir mit ihm verbunden bleiben, dann kann unser Leben gelingen. Früchte tragen kann unser Leben aber nur gemeinsam mit anderen. Jesus Christus schenkt uns die Kraft dazu.

Der Weinstock und die Trauben sind aber auch ein Symbol für den Wein des Abendmahls und der Eucharistie.

Weizenkorn

Vom Weizenkorn zum Brot ist es ein mühsamer Weg. Ein Korn fällt in die Erde und „stirbt", eine Ähre mit vielen Körnern wächst daraus. Die Körner werden zermahlen, sie „sterben", damit aus ihnen etwas Neues wird: Brot.
So ist es auch mit Jesus: Wie das Weizenkorn gibt er sein Leben und schenkt uns eine neue Gemeinschaft mit Gott – über den Tod hinaus. „Wenn das Weizenkorn nicht in die Erde fällt und stirbt, bleibt es allein; wenn es aber stirbt, bringt es reiche Frucht" (Johannes 12,24), sagt Jesus.

Das Weizenkorn ist Zeichen der Hoffnung auf Auferstehung und ewige Gemeinschaft mit Gott.

Zahlen

Die Drei ist die Zahl Gottes, die Zahl der Dreieinigkeit, der Dreifaltigkeit. Das Dreieck – oft mit einem Auge darin – ist das Symbol Gottes. Auch Kirchtürme haben die Form eines Dreiecks. Die Spitze zeigt nach oben, zum Himmel: Gottes Haus auf Erden verbindet die Menschen mit dem dreieinigen Gott. Die Drei erinnert aber auch daran, dass Gott Jesus am dritten Tag von den Toten auferweckt hat.

Vier ist die Zahl der Welt. Es gibt vier Jahreszeiten, vier Himmelsrichtungen, die vier Elemente. Das Alte Testament der Bibel kennt vier große Propheten, das Neue Testament vier Evangelisten. Vier Kerzen schmücken den Adventskranz: Jesus kommt als Retter und Erlöser in unsere Welt.

Sieben wird auch die heilige Zahl genannt. Die Drei plus die Vier zusammen ergeben die Sieben, Gott und die Welt vereint. Sieben Tage zählt die Woche, am siebten Tage ruhte Gott. In der katholischen Kirche gibt es sieben Sakramente. Das Matthäusevangelium erzählt sieben Gleichnisse vom Himmelreich, das Johannesevangelium sieben Wunder Jesu. Das Vaterunser hat sieben Bitten. Die Zahl Sieben ist die Zahl der Fülle.

Die Zwölf ist die wohl bedeutsamste Zahl des Christentums. Sie weist wie auch die Sieben auf die Begegnung Gottes mit der Welt hin (drei mal vier). Der Tag hat zwölf Stunden, das Jahr zwölf Monate. Das Volk Israel hat zwölf Stämme. Das Alte Testament kennt zwölf kleine Propheten. Jesus versammelt zwölf Jünger um sich, die „zwölf Apostel" oder kurz „die Zwölf" genannt werden. Das himmlische Jerusalem hat zwölf Tore, auf denen zwölf Engel stehen (Offenbarung 21). Die Zwölf ist die Zahl der himmlischen Vollendung.